S0-FAK-156

letras mexicanas

87

DESDE LA CÁRCEL DE MI PIEL

Desde la cárcel de mi piel

por

SUSANA FRANCIS

letras mexicanas

FONDO DE CULTURA ECONÓMICA

Primera edición, 1967

Prólogo

Con este libro da Susana Francis, en bien atada gavilla, los tallos en que germinó su lirismo después de la inicial cosecha. Un lustro separa la anterior y la presente. En cinco años, sin prisa, con los pasos justos, fue de la expectación a la certidumbre.

Al lado de la prosa —que reserva para sus investigaciones sobre el habla y la literatura popular, en una región olvidada por muchos, y para relatos que no publica aún—, aparece en su obra la poesía, con fluir de manantial silencioso. En este lapso de actividad literaria, ella ha reunido medio centenar de poesías, de las cuales brindó, como anticipo del tomo que ahora aparece completo, una decena, en la breve selección *Carta a mí,* publicada hace un par de años.

Poco más nutrido que éste, fue el volumen inicial de Susana Francis: *Momentos,* en el que no hubo, a pesar de la abundancia relativa de poemas, el desbordamiento propio de un primer libro, que delata ímpetus juveniles. En *Momentos* —decía Manuel Durán, de la Universidad de Yale, con certera apreciación de quien ha examinado a la escritora desde otro ambiente—, dentro de los moldes clasicistas, vaciaba su inquietud con vocabulario de nuestros días.

A la soledad y el individualismo, se unían los goces y el temor de la adolescencia, y a través de fina sensibilidad se transparentaba la angustia de la espera, en primicias ya prometedoras. Se ha preferido recordar aquí ese parecer, acerca del tomo que precedió a la selección, en apoyo de lo que seguirá, relativo a los nuevos poemas de Susana Francis.

9

En el interés con que un profesor universitario sigue los progresos de una de sus alumnas, hasta ver que alcanza, tras el último examen, el título de Maestra en Letras, sin duda hay un reflejo de la propia satisfacción, al ver la de ella colmada. La escritora, que contrajo matrimonio desde la adolescencia —transcurridos pocos años, nacieron su hijo y su hija—, tuvo que cursar las materias indispensables para el magisterio, a la vez que soportaba las duras pruebas de la maternidad, las cuales la obligaron a repartir su atención entre el hogar y los libros.

Apenas graduada, una beca le permite seguir cursos de lingüística, en 1958 y 1959, en la Universidad de Michigan, y en los dos años consecutivos, de 1960 a 1961, otra beca la conduce a Roma, donde estudiará literatura italiana. Antes de aprovechar las sucesivas estancias en el vecino país y en Europa, Susana Francis permaneció en San Cristóbal de Las Casas el tiempo requerido por la investigación que le sirvió para escribir su *Habla y literatura popular en la antigua capital chiapaneca.*

Rosario Castellanos que, como novelista, ha descrito esa región, al recrear su infancia, afirmó al frente de ese libro: "Nunca, antes de Susana Francis, se había intentado estudiar, con método y rigor científicos, el habla de San Cristóbal, la metrópoli ladina en la zona indígena de los altos de Chiapas.

"Que tal estudio sea el primero no constituye su mérito mayor. Tiene otros: la amenidad; el estilo más que correcto, agradable; la vivaz presentación de los materiales."

La trayectoria que siguió en la lírica Susana Francis, la ha hecho pasar de la ingenua poesía de la adolescencia a la torturadora expresión de la madurez, que emplea la imagen audaz y no elude el neologismo, cuando le parece imprescindible. Partió de las formas usuales, para innovar en el verso, como puede advertirse en una de sus primeras poesías, que ella no quiso incluir en la colección antes publicada:

La margen está triste; enorme crece
una angustiosa soledad. La playa,
cuando sube la mar, su llanto ofrece
como un rumor que entre la arena encalla.
Lejos su vela en el oriente ríe.
Frágil, el viento la llevó ligera.
Esperando el retorno que lo guíe
yo me quedé llorando en la ribera.

En viaje de regreso, al ir en busca de sí misma, torna a la sencillez, después de explorar diversas rutas, en ese recorrido que es como un descubrimiento —el del propio ser—, equivalente para ella a la revelación de un mundo antes ignorado. Va, en cuanto a la forma, de la rima perfecta —consonancia— a la imperfecta —asonancia—, y en lo que al ritmo se refiere, de lo ceñido a la tradición clasicista, al verso libre: libre de cualquier invariable ritmo.

Pasó por el romance —el romancillo de corte popular—; rimó —también libremente— la décima, y ensayó el soneto endecasílabo, con las rimas tradicionales, y el alejandrino, sin sujeción a las reglas de una intransigente preceptiva. Prefiere ahora, a la rigidez, la independencia —limitada sólo por las fronteras de sus sentidos, en los confines de la piel, según indica el título de su obra—, sin ataduras que sean estorbos para su libre expresión, mas con los desniveles que dejan percibir la incertidumbre en que se halla.

Ha puesto su meta en una ambición antirretórica, segura de que no la conducirá a una retórica más atormentada —y atormentadora— que la rehuida por ella. Está convencida de que tal meta sólo se puede alcanzar después de vencer, por el propio esfuerzo, las dificultades que presenta la poesía, sin dejar de serlo para convertirse en una prosa más o menos impregnada de lirismo. En su personal evolución, Susana Francis parte, pues, de la poesía intrascendente —que ella rechazó pronto— y a través de la ingenuidad de la adolescencia, ha llegado al desaliento en el cual desembocan las dudas anteriores.

Ese tránsito, quizá, prepara lo inminente en su poesía —si cabe augurarlo—: el arribo a la serenidad en que la expresión se depure, como la corriente se remansa, después de que cede el inicial impulso. Mas antes de que llegue a anclar en el puerto, debe mantener en vilo —¿en cuántas páginas?— la expectación, al hablar de sus propias experiencias; dejar que la agite la inquietud del instante, y hallar en el amor un incentivo para encarar lo futuro.

Su pesimismo ante el ineludible naufragio —que obliga al poeta a dar un sentido a su obra; a buscarle trascendencia por la que salga del propio medio y se proyecte hacia lo universal— deberá verse como un estadio transitorio. Luego vendrá, probablemente, la convicción de que la vida renace, a pesar de todo; pues aun en Hiroshima vuelven a florecer los crisantemos. Y esa convicción invita a abrir los ojos al mañana; a sonreír ante el futuro, aunque encierre un enigma.

Francisco Monterde

Carta a mi

OLVIDA. Olvida.
Nada debes a nada.
Lo aprendido, disuélvelo,
como una exhalación dentro del aire.
Sé nueva. Tus ojos al abrirse
inauguraron la luz.
El mundo comenzó cuando naciste.

Eres tan sólo un hilo, una puntada
sobre la vasta tramazón. La raza
de los hombres desde el principio
oscuro se devana. Te entretejes allí.
Y sin embargo el mundo es tuyo ¡hoy!

Desde la cárcel de mi piel

I

VESTIDO que lastima
—como piel ulcerada—
duele la vida.

Duele al oír el péndulo
que muere en los latidos,
al izar la caricia,
al sentir los cilicios
de los brazos deseados.

Duele, lenta y antigua,
esa chispa que cunde
por la yesca propicia
—sayo de penitente—:
este cuerpo heredado.

II

MURO entre muros. Tú, yo,
todos nos levantamos
como una enorme tramazón de tapias.

Ciudad cerrada, dura,
donde todas las manos
se desgarran sin penetrar.

Paisaje de cautivos sin ventanas,
uno arañando en el confín del otro.
Blindado cerco. Sorda, amurallada prisión.

Y todos cavan... cavan...
y afanosos también,

tapian y tapian...

III

Somos reos atados
a la misma cadena.
Condenados al hambre
y a la sed. Con la cara
hacia muros ensordecidos.
Todos convictos
de soledad, purgamos
la condena perpetua.

Tú que rompes el eco
de tu lamento, ¡calla!
No hay a quien apelar.
Somos reos del vivir,
presos dentro del claustro
de la piel. Sin embargo,
no busco mi consuelo
en tu pena y tu pena
no se siente la hermana
de mi mal.

IV

¿No veis, amigos, que estamos presos
en esta cárcel de la piel, chapoteando
en la espesa tiniebla? ¿Dónde
cavar la grieta que tamice la luz?
¿Cómo poner la cimbra donde crezca
nuestra esperanza de escapar?
Apretujados en iguales celdas,
no nos podemos conocer.

                              ¿Progresar?
Sólo arañamos en la sombra.

                              ¿Odiar?
Nos odiamos en otro. Amigos o enemigos
—compañeros de todos los olvidos—:
no hay salida posible.
Pero nuestra condena ha sido escrita;
estaremos aquí, y en nuestra celda
una ventana hay sólo: ¡amar!

V

DESDE la herida que soy yo,
mana mi anhelo informe, mi ansia
fluida que se forja en el yunque
de las pasiones.

Soy el campo minado, la pústula en **espiga**
que despunta en la margen
de otras tantas heridas.

Nuestro campo es un campo de deseos
encendidos que presiente, en la llama,
su final de cenizas.

VI

¿PARA qué, las palomas escondidas
dentro del corazón de mi cerebro,
dilapidan sus alas?
¿Para quién desenredan su mensaje
—tarea sin fin, indescifrable empeño—
en su idioma nativo:
muerto lenguaje o tal vez no nacido?
¡Ay de mis voces locas, desprendidas
del grito en llamas!
En cavernas sin fondo sepultadas:
sordos, sordos oídos.

VII

¿Estoy despierta? Sí,
tal Segismundo,
que no sabía si el sueño
es sólo sueño
ni el despertar es sólo
una mentira.
Hay alguien que me engaña
y no lo veo,
ni sé cuándo es verdad,
cuándo mentira.
En el gran escenario:
¿son aquellos,
otros intoxicados
por la vida,
o todos son fantasmas
de mi ensueño?

VIII

EN UN rincón desierto del amor, medito:
¿A quién se entregan mis dedos en parvadas?
¿Por quién deshojo el corazón?

Pesa sobre mis miembros el misterio del cosmos.

Hay algo que en lo negro del sueño me convoca
y algo que busco siempre.
Alguien me espera agazapado
en la caricia vaga del subconsciente.
Y buceo en las ondas de mí misma y no encuentro
a ese alguien sin rostro, sin un nombre, sin sexo.

Mientras, hora tras hora, mi cariño devana
los cabos inconexos que sujetan mi vida
¿a qué? ¿a quién?
                              A todo. A nada.

IX

Aquí, tendida bajo el universo,
miro la sombra de mi cuerpo: forma
de un eclipse de sol.
Miro mi pecho:
bajo esa doble cúpula está el cauce
del río que busca su vertiente, y vuelve
sobre sí mismo sus caminos:
domeñado torrente, borbollón
apretado en su caldero.

Ese contorno es toda mi prisión.
Es el recinto inexplorado, inmenso.
Devastado por tropas enemigas
sin estandarte ni oriflama. Dioses
en las encrucijadas de mis nervios.

En ese mundo sumergido, vivo
—náufrago en la corriente de su sueño—

X

Mi perfil:
emplomado en el agua.

Medallón entorchado,
el lago negro
se recorta en la noche
como el ojo de la llanura.
Insomne cuerpo del paisaje, herido
de obsidianas y estrellas.

La sombra en esta inmensa
lágrima se baña.

Y mi cabeza, allí,
como otra roca
gravitando en el suelo,
acuchillada por la luz. La tarde
se disolvió en la sombra.
Y la sombra se gasta. Las desnudas
imágenes epilépticas mueren.

Velado camafeo:
mi perfil en el agua.

XI

Como imagen que se engasta en el agua,
todo mi ser se desvanece. Aristas
que se decantan. En el tiempo me pierdo
como las sombras en la noche, ahogadas.

Desde el nacer me borro, me dibujo
en olvido; esculpo mi carrera
en el aire: una luz en racimo
que se desgrana.

XII

MOMENTO con momento
se edifican las ingrávidas horas,
las ánforas vacías
con que doblan los años sus espaldas.
Uno por uno en eslabón cerrado, sellan
nuestra prisión,
y el penitente arrastra el pequeño
minuto insospechado
—el que gesta la magia, la inmensidad—
en cadena que pasa
con los otros momentos. Pasan... pasan...
todos igual
—milicia ametrallada en la guerra del tiempo—,
pasan... pasan...
el minuto redondo —óvulo fecundado—
junto a secos minutos
que levantan, uno a uno, los muros
del vivir cotidiano.

XIII

TODAS las horas roen
algo de nuestra vida.
El tiempo ara los campos
de nuestra piel, y dentro,
el hastío cultiva su oquedad.

Goznes anquilosados
del clown —¡fin de la fiesta!—
que después de la risa,
los cordones por tierra,
sobrevive al olvido
tras olvido.

XIV

Quizá mañana mismo moriré.
Mañana, no el difuso, distante, desarmado.
Mañana: una sola noche sin mañana.

Es verdad. Es verdad. Y de pronto
el mundo se vuelve mi propia carne
y me duele, sí, usurero
que demanda sus réditos en ella:
taja la muerte su porción.

Ahora sé que todo era hermoso, hermoso
mundo encarnado en mí.
Quedará de mí huesos y arena.
Y esta angustia de amar, doler, de verlo todo...
ni aún arena será.

Quizá mañana:
uno entre tantos días, superviviente,
como un miembro vital el Universo
me será —inminente desahucio—· cercenado.

XV

ALGÚN día seré
sólo polvo en el viento,
y el viento, en las cavernas
de su soplo, gustará
de mi huella, un momento.
Y en los viajes del aire
lloraré con la lluvia
tal vez, o tal vez viaje
en hombros de un insecto.

Pero entonces mi voz te alcanzará,
futuro Prisionero
—oído que en noche sin ventanas
oses vagar, jinete en igual sueño—.
Y llenarás el túnel de tu oreja
con mis voces perdidas.
Y lloraré una lágrima en tu lágrima
otra vez, como un eco.

XVI

EN MEDIO del desastre y la batalla
del mundo loco,
¡tantas cosas nos quedan todavía!
Belleza, alma universal: revives
en cada abrir de párpados; persistes
en brotar de los poros imprevistos
de cada cosa, ser... Siempre lo mismo,
una alquimia incesante.

              Abro los ojos:
miro al sol caído
escurrir por el ábside sangriento
del horizonte, y al instante siento
dentro de mí, el corazón cubrirse
bajo una manta acogedora: el cielo.

Ocasos y amaneceres

I

Abrí los ojos: la mañana hundía
en la gárrula calle su impaciencia;
y heme aquí, encontrándome en mi ausencia
sembrada a la mitad del mediodía.

El sueño, que en su opio disolvía
trozo a trozo, el glaciar de la conciencia,
desdobló en la vigilia su dolencia.
Otra vez como ayer, vuelvo a ser mía.

Y por ser yo mi dueño, prisionera
de mi obstinada soledad, despierto.
Hermética en mi cárcel, dejo fuera

mi ajeno hacer y deshacer, y vierto
en la perpetuidad de la carrera,
mi afán, mis huellas: surco en el desierto.

EL DÍA se abrió en la noche
como un capullo anémico —florece—
y me atrapó en su copa.
Apenas hoy la noche se caía
por mis ojos despiertos.
Apenas hoy. Ahora los incendios
amenazan las horas.
Las raíces parásitas del día
crecen ya, agujeran
el follaje de sombras.

El día se abrió,
desdibujó los sueños,
borró nuestro contorno.
¡Ay! voy como todos
a engancharme en la noria ¡caminemos!

III

La mañana invasora,
—espada que domina
atrincherados cercos de pestañas—
como camisa nueva, cada día,
la sombra de mi cuerpo viste. Crece
sobre mi piel, rubia mantilla,
galón sobre esa tregua de la noche
que traigo a cuestas siempre
—siempre cavilaciones y preguntas—.

Como antorcha se enciende la mañana
y me empuja la corriente del afán,
proa hacia el día.

IV

Áspera cota de batalla
que viste el día para la guerra.
(Tiempo y azares
tejen desolación a la esperanza.)
Trágica ley de nuestra lucha
pronta para el combate hermano a hermano:
¡morder o ser mordido!

Pero en la soledad
—bebedor de su tósigo—,
cuerpo a cuerpo en la lucha con su cuerpo,
el corazón paciente se suicida
con su propio veneno.

V

Un día se desploma.

Roto cauce de estrellas desvaídas.
Minutos luz que emergen y se apagan.
Vértigo que se entrega
al desmayo total.
                          En el sueño
reposo mi cansancio —dura almohada—.

VI

EN ARENA de noches
germinan las estrellas.
Los ramos se desatan
sobre el túmulo inmenso.
Y en la tierra —almácigo
de no sé qué semilla—
los corazones duelen
al crecer.
            Dos jardines
en la luz que dormita.

Lira pentáfona

TRENOS

I

UNA LARGA cadena de gritos en el viento,
alud de toda voz surgida de las cosas
sacudiendo el vestido de vidrios del silencio,
y en medio del tumulto, mi soledad me ampara,
ánfora en que reposa mi voz desamparada.

Luces quiebran las sombras, ¿dónde está mi tiniebla
que es para mi tristeza como una muelle almohada?

Ciérrense las compuertas de la conciencia
—claro río doloroso que de doler no acaba—
y las aguas más turbias sumerjan en su verde
los recuerdos más hondos —peces en desbandada—.

II

Como los aguijones de la flama
que desfloran el himen
de los aires al vuelo;
que derrochan su filo sin otro fin,
sin dar calor a nada,
sin dar sustento,
así mi amor se prende:
combustible incendiado
sin fin, ni objeto.

III

Oro y perlas. En medio del desierto,
como el árabe aquel de la leyenda,
perlas y oro.

Nada más que un tesoro
para cruzar la sed de la jornada
¡pobre dispensadora de ternuras!

Sólo el páramo —piel de nuestra tierra—
para volcar la alforja
eternamente henchida.

IV

NUESTRAS dos soledades que se buscan:
dos agujas prendidas en la tela
del cuerpo —uniforme
habitado apenas cada día—
se rozan (tal vez sea
una historia solamente del tacto)
y las puntas se ahondan
cada una en sí misma.
Nuestras dos soledades que se buscan:
dos angustias perdidas.

V

SECAS están las bóvedas del llanto,
áridos los caminos de la pena.
A fuerza de morir con cada hermano
se cansó mi dolor.
              Mi entraña abierta
los buitres picotean.
Y mi dolor está dormido. A veces
mis oscuras raíces se conmueven
con la humedad de lágrimas ajenas,
y mi dolor en sueños se estremece
como reptil secándose en la arena.

EÓLICAS

I

NECESITO los nudos que construyen
la escultura de un brazo;
los músculos maduros, ramazones
del árbol de algún cuerpo: continente
irrigado por las venas que en mapa
transparentan el flujo de la vida.

Necesito ese tronco para apoyar mi angustia,
necesito esa rama para enredar mi abrazo,
y en un pecho —fingida tierra firme— anclarme
para engañar mi esencia de barca fugitiva.

II

REHABITO hoy mi cuerpo
como una vieja túnica olvidada
que de pronto se ciñe al corazón crecido.

Cuerpo dúctil, erguido
a la estatura del amor germinado,
transparente a la nueva florescencia turgente
en mis miembros enfermos de súbitos milagros.

Regreso a mí, a mi sangre primera,
y me encuentro tatuada
con el texto de caricias inéditas
mientras mi piel entera se derrama.

Y me asomo a mis ojos —emigrante
aprehendido en el antiguo encanto
de su hogar desertado—
y todo a mi contorno es como agua serena
que refleja, en sus ojos, mis ojos azorados.

III

Solos.
Refugiados en tu piel y la mía.
Buscando en este refugio desolado
la ruta subterránea hacia nosotros.
Palpando en el hallazgo de la carne desnuda
armaduras a prueba de todo amor,
descubrimos la distancia que duele,
los muros que no caen.

Pero mi mano,
floreciendo entre la tuya
sin que raíz alguna la sustente,
encuentra la hendedura,
el camino lejano al torrente de ti.
Y en un momento breve nuestros dedos conversan
y nos reconocemos,
quizá en aquel instante nos amamos,
antes de comenzarnos a olvidar otra vez.

IV

En este pequeñísimo cuenco de nuestra alcoba,
pesando en el silencio del universo extraño
¡qué perdidos! ¡qué solos!
Y sin embargo, juntos recobramos la memoria
por milenios perdida
y somos el arcángel de las anunciaciones.
Uno. Átomos todos en fusión.
Al paraíso entramos en nuestra sombra única.
La castidad perfecta.
El minuto encontrado al fin.
Y nuestro barro cobra transparencia de luna,
que de sombra que somos, irradiamos la luz.

V

Algún día, tú y yo,
nunca ya nos veremos.
De frente a la celada
de la muerte que acecha,
uno a uno, a pedazos
o de un golpe, caeremos.
Porque todo es ajeno:
nuestro hermano, la tierra,
nosotros mismos, todo,
aun la misma soledad...
y la ausencia...

Por este extraño viaje
sin memoria, brindemos.
Nuestra sangre disfruta
su calor pasajero
en la redoma frágil
de nuestro cuerpo.
    Vierta
el alma en los labios
su embriaguez, y bebamos
ahora, uno en otro,
este vino robado
que ¡ay! se evapora.

Décimas bucólicas

I

El hueco de mi razón
se vuelve un ramo de oliva
cuando mi mano furtiva
me hunde en la suave canción;
siempre empezada oración
de las hojas de la yerba;
blando regazo de selva
que me invita a hacerme niño.
Me envolveré en su cariño
que cada estío renueva.

II

Mis ojos dicen: ¡admira!
Y miro todas las cosas:
las piedras, el sol, las rosas.
Arde mi vista en la pira
del Universo. Sí, mira,
porque nada quedará
por mucho tiempo. Estará
el mundo como hoy existe;
pero lo que tú no viste
con tus ojos morirá.

III

Pompa de jabón, el mundo,
de colores irisada,
en ella lleva pintada
su historia. Alfombra mentida
por donde pasa la vida
cediendo bajo sus pasos.
Asiré al mundo en mis brazos
con todo lo que tuviere,
porque en cada hombre que muere
estalla el mundo en pedazos.

Canciones sin palabras

I

SENO de la nocturna
                urna
es la luna que surge
                urge
mañanas desastrosas
                rosas
beben leche de estrellas
                ellas.

II

Rosas rosas del alba:
sangre transpira
el color de la noche
que lento expira.

Palomas cenicientas
beben la luna:
una oblea desolada
en la frágil bruma.

Corren locas las horas
a su martirio:
levanta el día su hoguera
para el suicidio.

Cruzan el aire pájaros
de campana:
ecos y luces tajan
piel de mañana.

III

MIENTRAS dormía, ardió
tu rosa en mi pecho,
como una llamarada
de suaves lenguas frías,
y en el surco apretado
escurrió hasta escaldarse,
el zumo de su herida vegetal:
verde sangre entre rojos
tan rojos producida.
Decapitados pétalos:
sangre en la estepa
de mi almohada vacía.

IV

TRIPLE rubor: mastuerzo
que se endereza
al topar con los nudos
de la corteza.

Creces múltiple y solo
—sol pequeñito—
prendes en lunas verdes
tu débil grito.

Insulsas comezones
de primaveras:
mastuerzo que prodigas
rojas monedas.

Lunas verdes. En lunas,
sol pequeñito;
grito prendido en alto,
fuego en racimo.

V

PARA qué están —soles vivos—
para qué.
Para qué las lunas quiebran
sus espadas en los cielos.
Los cielos ¡ay! dilapidan
sus monedas —soles muertos—.
Escenarios que a las puertas
de los párpados se inventan.
Desfilamos las comparsas
—todo acaba, todo empieza—.
Derroche, todo es derroche.
Orgía del Universo.

VI

Bajo el amparo del amor
crece el minuto,
y mi pecho madura
—un fruto macerado
en el lugar del corazón
se exprime—
y me hago frágil,
dulce, dolorida...
Mientras, el amado me dice:
—Espera, voy a buscar
los frutos del verano.
Y se aleja sonriendo
entre los setos
burilados por el último rayo.

Palabras

PALABRAS

LAGUNA antigua.
Honda caverna irrellenable.
Cayeron de los hombres
guarecidas como trigo
en los silos de su historia,
como guijarros en sazón
erosionando las mejillas
de las caras geológicas.

Amar y desamar...
Soplo perdido
o desecado en líneas
de páginas sembradas,
o —lanza en ristre—
acometiendo orejas
como tercos molinos.

EGO

HEMOS pasado el tiempo
en encender la flama
ictérica, insegura,
de lámpara votiva
ante la imagen nuestra.
Y hemos dado en ofrenda
nuestro ramo de lástima
porque tanto nos duele
nuestra propia fortuna.

Pero tú y yo sabemos:
ése es el falso dios,
el becerro dorado.
Y en nuestro sobresalto
leemos la sentencia:
"será purificado el altar:
seremos arrancados de la tierra".

PAISAJE SOBRE EL AGUA

Mece su cruz la higuera desramada.
Tres hojas consteladas de topacios
entregan su tributo al sol de otoño.
Al pie, la azul pupila de la charca
despedaza su tronco: cielo
angosto astillado, árbol trocado
en una fugitiva pirotecnia.

NOSTALGIA POR LA EDAD MEDIA

Campo en que Europa aró su sementera.
Tiempo en que nuestro tiempo otoñecido
cantó, anónimo juglar, su primavera.
Terror divino en bóvedas vertido.

Largos perfiles de las catedrales
que espigan en la gótica ladera,
de vírgenes curvadas en vitrales
con el niño sonriendo en su cadera.

Conocen de la ciencia ya olvidada
de vivir sin jamás preguntar nada
y morir descansando en la certeza.

Sólo la fe movió templos y establos.
Nadie calzó su firma en los retablos
donde el cristo desmaya la cabeza.

A SÓCRATES

EN EL refugio inmenso de tu casa pequeña
déjame entrar ¡oh Sócrates! quiero ser tu amiga,
sentarme ante tu mesa al lado de Jantipa
y consumir mis ansias de saber, como leña

en la pira que enciende tu palabra que preña.
Asomarme en tu pozo: descubrirme en la ortiga
—semen de la rotunda madurez de la espiga—
y mirar en su espejo la ignorancia que enseña.

Es tan ligero el vino que se escancia en tu vaso;
son tan pocos los labios que abrevan en tu mesa,
que podemos, amigo, preparar nuestro brazo

para que, como brindis final de sobremesa
apuremos, sonriendo, nuestro último ocaso
—un adiós que saluda a otra vida que empieza.

ENERO

De improviso, el invierno amaneció violado.
Ráfagas contagiadas de calentura
—póstumos gajos de verano— turban
la casta sábana de enero. Rayo
que sorprendió a los árboles desnudos.
Hoy el sol ha mojado sus cabellos
en sudor de la tierra; todo el día
mi piel se ha cocinado en este vaho que asciende,
como una invocación de primavera.

MI CASA

CRECIÓ en el útero fértil de la tierra
y hoy madura su fruto bajo el sol,
como una flor cualquiera.

Fue su historia la historia de la creación:
primero se hizo la tiniebla;
luego la luz llegó, nueva, inventada,
y en la resurrección de barro y piedra
me he sentido nacer. ¡Otra vez Eva!

A TI

Nacido para morir, hombre
que al barro hiciste vituperio
al formar de su sangre tu materia.
Duro e indócil, pese al noble
comienzo de suavidad.
Tu rebelión, ¿de qué te sirve,
si las lágrimas corren por tus grietas
socavadas por hambres inclementes
que erosionan y al fin
mojarán tu soberbia?
Hombre; niño perpetuo,
escolar escapado de tu oficio de hombre,
de tu mester de lágrimas,
de lágrimas que acabarán
por suavizar el barro
con el que, en un lejano día,
te construyeron.

A DIOS

MIRA ¡oh Dios! quienquiera que Tú seas:
qué microvidas —hombres—
infectan esta tierra.
Dondequiera sus costras virulentas
la supuran, laceran...
Pero ¡ay! ¿qué son, desde el insecto al ave
y al mamífero humano,
sino pobres criaturas de tu mano?
¿Qué hacen aquí, mordiéndose, sangrando,
ridículas criaturas duelo a cuestas
que inventan desbocadas sus caminos
—laberintos sin metas—?
¿Qué harás, oh Dios,
con esa etérea masa:
nuestro esperar desesperar perpetuo?

Índice

Desde la cárcel de mi piel, de Susana Francis, volumen 87 de la Colección Letras Mexicanas, se acabó de imprimir el día 24 de noviembre de 1967, en los talleres de Gráfica Panamericana, S. de R. L., Parroquia 911, México 12, D. F., siendo Director del F. C. E., el Lic. Salvador Azuela. Se tiraron 3 000 ejemplares y en su composición se utilizaron tipos Baskerville de 10:11 puntos. Cuidaron la edición la autora y *Lauro José Zavala.*

Nº 01299